Wurstknöpfle

In Partnerschaft mit:

REWE Fritz-Ulrich Aupperle, Rewe-Markt Fellbach, www.rewe-fellbach.de

Thomas Kurz, Service rund um Fleisch und Wurst, Schorndorf, www.thomas-kurz.de

Bäckerei Werner Maurer GmbH, Winnenden, www.baecker-maurer.de

Wurstknöpfle

„Wenn alle Künste untergehn,
die edle Kochkunst bleibt bestehn."

Markus Polinski
Andreas Krohberger

Die besten Rezepte für eine fast vergessene Leibspeise

Wurstknöpfle

Mit einer Liebeserklärung von Otto Geisel und
einer Weinauslese von Daniel Hasert

Mit Fotos von Rainer Kwiotek

edition k | HamppVerlag

Wurstknöpfle – eine fast vergessene Leibspeise

Von Jörg Aschbacher

Wurstknöpfle sind mithin die wohlschmeckende schwäbische Antwort auf die bayerischen Leberknödel. Die aus Teig, Wurst, Brot und Grünzeug geformten und gekochten „Knöpfle" kamen in unserer Region einst regelmäßig auf nahezu jeden Tisch. Meist war es der Samstag, an dem die Hausfrau diese Leibspeise anrichtete, sei es mit Kartoffelsalat oder Kraut, in der Brühe oder auch geschmelzt. Was übrig blieb, kam später nochmals in die Pfanne und wurde mit Ei geröstet.

Leider ist dieses Essen in den letzten Jahren etwas aus der Mode gekommen, viele junge Köchinnen und Köche entscheiden sich heute für andere Rezepte – die Wurstknöpfle könnten so langsam in Vergessenheit geraten.

Zur Aufwertung dieses wunderbaren regionalen Gerichts, das vielen zur Leibspeise wurde, hat die Remstal-Akademie für Essen und Wein einen Kochwettbewerb für die urschwäbischen Wurstknöpfle ausgelobt. Diese gibt es – ähnlich wie Kuttelgerichte, Krautwickel, Fleischküchle und die Maultaschen – in unterschiedlichen und geschmacklich originellsten Varianten. Jede Köchin oder jeder Koch „schwört" auf das eigene Rezept.

Wer das Remstal besucht und es versteht, die hochwertigen Weine der vielfach preisgekrönten Wengerter und die Angebote der Gasthaus-Küchen zu genießen, der bekommt bei den öffentlichen Veranstaltungen der Remstal-Akademie für Essen und Wein zusätzliche Informationen und Anregungen. Zumeist im Hebsacker Stammhaus „Lamm" präsentiert die Akademie neue Trends in Keller und Küche ebenso wie sie regionale Traditionen fördert. Die urschwäbischen Wurstknöpfle sind ein Beispiel dafür.

Die Ergebnisse des Wurstknöpfle-Kochwettbewerbs finden Sie in diesem kleinen, aber feinen Kochbuch. Sie sind so unterschiedlich, wie die Menschen und die Regionen in Süddeutschland. Kein Wurstknöpfle schmeckt wie das andere, obwohl alle als Wurstknöpfle klar erkennbar sind.

Schon immer erfüllt der Wein seine ureigenste Bestimmung als Begleiter des Essens. Welcher Wein passt zu welchem Essen? Dabei ist „passend" bei weitem nicht genug. Viel mehr ist möglich: eine glückliche Harmonie, wenn sich das gewählte Gericht – maßgeschneidert – und der ausgesuchte Wein ergänzen.

Die Rezepte der zwölf Finalisten, das „Hausrezept" von Markus Polinski, Küchenmeister des Restaurants „Lamm" in Remshalden-Hebsack und – etwas ganz besonderes – auch ein Wurstknöpfle-Rezept für VegetarierInnen, werden in diesem Buch durch Empfehlungen von Weinen aus dem Remstal begleitet. Die Auswahl traf der hoch geschätzte und international erfahrene Sommelier Daniel Hasert. Er hat darauf geachtet, dass es sich ausschließlich um authentische, ausdrucksstarke Weine der so genannten „Basisqualität" handelt, also geradlinige, klare, sehr gute Weine. Eben passend zu den authentischen, unverfälschten Rezepten.

Das Remstal, der „Garten Gottes" vor den Toren Stuttgarts, ist in den letzten Jahren zu einer Weinregion in Europa geworden, deren Wengerter Jahr für Jahr herausragende Weine hervorbringen und dafür die wichtigsten Auszeichnungen erhalten. Die Weinberge bedeuten ihnen ein „Geschenk des Himmels" und es ist das Ergebnis harter Arbeit, tiefer Erfahrung, großen Muts und unbändigen Ehrgeizes, dass die Weinmacher aus dem Remstal heute in der Welt der Weine mit ihren großartigen Weinen herausragen. So werden die wichtigsten Weinprämierungen immer häufiger, für die großen Weinkenner längst nicht mehr überraschend, zu großen Sternstunden für die höchst geachteten Weinmacher im Remstal. So außergewöhnlich wie der Wein, den sie machen, so ungewöhnlich und herausragend sind die Weingärtner selbst.

Inhaltsverzeichnis

*„Freude am Genuss
ist Freude am Leben."*

Meine Liebeserklärung an eine Leibspeise

Von Otto Geisel

Warum, so werde ich immer wieder gefragt, und ich frage mich auch selbst immer wieder neu: Warum tun wir uns eigentlich oft noch so schwer, wirklich gern und ganz bewusst zu genießen – und dies auch mit großer Freude zu bekennen, statt uns einreden zu lassen, dabei ein schlechtes Gewissen haben zu müssen?

Meine Antwort: Ich sehe die dafür mitverantwortlichen Blockaden vor allem im Kopf, weniger am Gaumen. Genuss hat bei uns oft einen viel zu elitären Beiklang. Als ob Genuss etwas ist, das nur in der Spitzengastronomie und mit Luxusprodukten stattfindet. Wenn ich nach Italien schaue, dann merke ich, dort wird Genuss in der Regel regional definiert. Das ist oft eine ganz einfache, bodenständige Küche, ja – warum es nicht so klar sagen? – eine Arme-Leute-Küche, die sehr, sehr genüsslich ist. Das ist für mich der Schlüssel für eine zeitgemäße, moderne Ernährung, die dem Genuss auch im erweiterten Sinne entspricht, nämlich in der notwendigen Nachhaltigkeit und mit der so überaus reichen Vielfalt des Lebens.

Wie können wir dieses Bewusstsein wieder entwickeln? Ich meine, wir müssen zu allererst unsere Sprache wiederfinden zu diesem Thema. In Deutschland sprechen wir viel zu wenig über das Genießen. In Italien kann man auf der Straße zwei Männer sehen, die sich so heftig unterhalten, als ginge es um ihr Leben, dabei erzählen sie sich nur, was sie gerade zu Mittag gegessen haben. Dass man darüber spricht, sich austauscht, Tipps weitergibt, das trägt viel zum Genuss bei. Dazu gehört auch, dass man einen Metzger weiterempfiehlt, der noch selbst schlachtet. Oder einen Bäcker, der tatsächlich noch mit Natursauerteig sein Brot bäckt.

Wenn man beim Einkauf der Lebensmittel ein wenig mehr Zeit investiert und wenn man von dem Irrglauben abgeht, dass gute Produkte teurer sein müssen, wenn man also zum Beispiel mal wieder auf dem Bauernmarkt saisonales Gemüse aus der Region einkauft, wird man erfahren: Das ist nicht teuer und es macht unglaublich viel Freude. Und wenn man ein Rind nicht auf die zwei Prozent reduziert, die das Filet ausmacht, sondern einmal in einem alten Kochbuch nachliest, was man aus der Schulter, aus der Hüfte, aus der Wade machen kann, dann kostet das auch nicht so viel. Eine kluge Küche, die den Geldbeutel schont, kann auch darin bestehen, einfach einmal beim Bäcker einen Hefeteig zu bestellen und eine Pizza mit regionalem Gemüse selbst zu belegen. Das macht Spaß und ist billig.

Genuss muss also nicht teuer sein, kostet aber ein bisschen mehr Zeit. Empfinde ich es als Belastung oder mache ich es genussvoll und freue mich darauf, in der Küche zu stehen und zu kochen? Für mich ist Kochen Entspannung pur. Der Bundesbürger sitzt durchschnittlich über drei Stunden lang täglich vor dem Fernseher. Das will ich ihm ja nicht vermiesen, aber wenn er davon eine halbe Stunde abknapst, dann hat er Zeit für den Einkauf. Und wenn ich ein gutes Huhn habe, dann stecke ich es in den Ofen, das macht sich ja fast von alleine. Dann noch etwas saisonales Gemüse dazu und ich habe ein herrliches Gericht.

Für mich fängt das so wichtige Thema Genuss im Kindergarten an und führt hin zur Verpflegung in der Schule, im Krankenhaus oder im Altenheim. Dort wird oft exakt nach ernährungswissenschaftlichen Vorgaben gekocht, aber der Genuss bleibt viel zu oft, ja sogar meist, auf der Strecke.

Auch deshalb engagiere ich mich gerne und auch stark bei Slow Food, einer weltweiten Vereinigung von bewussten Genießern und mündigen Konsumenten, die es sich zur Aufgabe gemacht haben, die Kultur des Essens und Trinkens zu pflegen und lebendig zu halten.

Slow Food fördert eine verantwortliche Landwirtschaft und Fischerei, eine artgerechte Viehzucht, das traditionelle Lebensmittelhandwerk und die Bewahrung der regionalen Geschmacksvielfalt. Slow Food bringt Produzenten, Händler und Verbraucher miteinander in Kontakt, vermittelt Wissen über die Qualität von Nahrungsmitteln und macht so den Ernährungsmarkt transparent. Slow Food ist in über 100 Ländern tätig und hat rund 90 000 Mitglieder, davon über 9000 in Deutschland.

Wir haben das Slow Food-Projekt „Essbare Schulgärten" gestartet, um Schüler zu motivieren, selbst Obst und Gemüse anzupflanzen. 70 Prozent aller deutschen Schulen haben zwar einen Schulgarten, die sind aber leider in der Regel etwas verwaist. Da braucht die Schule wirklich kein großes Budget, sondern nur den guten Willen und das Engagement der Lehrer vor Ort, das zur Freude wird. Wenn dann die Tomaten im September reif sind, kann man sie mit den Kindern gemeinsam einkochen. Damit prägt man auch das Bewusstsein für das Regionale, das Saisonale. Das ist ein wichtiger Ansatz für eine Ernährung, die Zukunft hat. Regionalität und Saisonalität – darin sehe ich die Schlüsselbegriffe, wenn es um sinnvolle Geschmackserziehung für Kinder geht.

Es ist gerade die Leibspeise aus Kindertagen, welche die Kraft hat, in uns innere Bilder entstehen zu lassen, von Situationen, von Landschaften, von Menschen, ganz besonders von unseren Müttern. Das ist doch wunderbar. Das kann ich aber nur erleben, wenn ich mich auf die Freude des Genusses, ja, auch auf die Liebe zur Leibspeise, ganz und gar einlasse. Ich bekenne gerne und offen und frei: Der größte Genuss für mich ist es, an einem schönen Ort zu sitzen, an einem schön gedeckten Tisch mit netten Menschen und so gemeinsam zu genießen. Einsamer Genuss ist zwar kein Widerspruch in sich, in meinen Augen aber eine trübsinnige Angelegenheit. Insofern hat doch auch Fast Food diesen traurigen Aspekt, dass man es meistens alleine in sich hineinstopft. Wenn man gemeinsam genießt, über den Wein philosophiert, sich Geschichten erzählt, dann können auch einfache Dinge ein großer Genuss sein. Und erst recht die Leibspeise. Einfach grandios. Ich liebe es – das Wurstknöpfle.

Ein einfaches Gericht – und doch gar nicht so einfach

Von Markus Polinski

Natürlich könnte man das Wurstknöpfle, dieses einfache schwäbische Gericht, kulinarisch und kochtechnisch soweit „aufbrezeln", bis es so schick und hipp genug ist, um überhaupt wahrgenommen zu werden. Unter „Aufbrezeln" verstehe ich, dem Gericht seine charakteristische Urform zu nehmen. Statt im einfachen Kittelschurz hätten wir dann sozusagen ein Wurstknöpfle im schicken Abendkleid. Auf gestyltem Porzellan, vom smarten Kellner serviert. Mit Schäumchen vorne und Lüftchen hinten bis zur Unkenntlichkeit aufgepeppt. Seiner natürlichen Schlichtheit vollkommen entzaubert. Ein so genannter Schaumschläger.

Schwäbische Gerichte wie Maultaschen, Bubaspitzla, Pfitzauf und Co. so zu verändern, dass sie vielleicht dem globalen Zeitgeist entsprechen, ist aber ein völlig sinnloses Unterfangen. Verändert und verfremdet haben diese Speisen nur eine kurze Verweildauer auf dem Speiseplan renommierter Gasthäuser. Sie verleugnen ihre Herkunftsidentität und zeugen nicht gerade von großem Selbstbewusstsein ihres Erzeugers. Der kritische Gast und der wirkliche Feinschmecker durchschauen so etwas sehr schnell. Das Gericht gerät aus der Mode, weil es nicht originell genug ist. Es fehlt ihm eben seine Glaubwürdigkeit.

Als sich die Remstal-Akademie für Essen und Wein auf die Suche nach dem besten Wurstknöpfle begab und einen offenen Wettbewerb unter Profi- und Hobbyköchen ausschrieb, ahnte sie nicht, welche Begeisterung sie auslösen würde. Ein Zeichen, dass es an der Zeit war, das echte, unverfälschte schwäbische Wurstknöpfle vor dem Aussterben zu bewahren und mehr noch: es wieder salonfähig zu machen. Seither ist auch das Wurstknöpfle

M. Polinski

auf der Speisekarte im „Lamm" in Remshalden-Hebsack. Im Winter auf Filderkraut, im Sommer auf Kartoffelsalat, mit etwas Schmorsoße und gebackenen Zwiebeln – fertig ist die Vorspeise!

Und bei nicht wenigen unserer Gäste ruft dieses Gericht wichtige Erinnerungen an die Kindheit hervor. Es ist doch wunderbar, wenn man mit einem Gericht, vielleicht sogar mit einer alten Leibspeise, schöne und positive Erinnerungen wachrufen kann. Das gelingt aber nur dann, wenn das Lieblingsrezept erstens authentisch ist und zweitens – und das ist noch viel wichtiger – gut schmeckt und am Gaumen richtige, ja große Freude bereitet. Und Freude macht ein Essen nur, wenn man sich bei seiner Zubereitung wirklich Mühe gibt und dabei auch nur beste Zutaten verwendet. Speziell bei regionalen Gerichten muss ganz dringend darauf geachtet werden, Lebensmittel bester Qualität, vorwiegend aus dem regionalen Umland, zu nehmen.

Auch die Zubereitungszeit wird oft unterschätzt. Es ist nämlich viel einfacher, ein Steak zu braten, als vermeintlich minderwertige Gerichte wie Wurstknöpfle schmackhaft zuzubereiten. In unserer heutigen, so hektischen Zeit, ist dann ein einfaches Gericht plötzlich gar nicht mehr so einfach. Und so findet auch das schwäbische Wurstknöpfle, das so bescheiden daherkommt, seinen ihm zustehenden Platz auf der Speisekarte der gehobenen Gastronomie.

Gerade bei uns im Remstal gehört der Wein selbstverständlich zu einem guten Essen. Mit Wein gestalten wir große und kleine Feste, Stunden schöner kulinarischer Erlebnisse – sei es im Restaurant, sei es zu Hause in der Familie oder mit Gästen. Wir Remstäler sind natürlich große Weinfreunde und auch Weinkenner. Wir genießen unsere edlen Tropfen – wie es sich gehört – genüsslich und mäßig, aber regelmäßig. So stellte der „Remstäler Weinpapst" Otto Linsenmaier fest: „Mäßig genossen ist Wein auch in beträchtlichen Mengen nicht schädlich." Und mit dem Viertele Trollinger in der schwäbischen Gastwirtschaft wachsen wir gewissermaßen auf.

KURZ & GUT
www.thomas-kurz.de

Wurstknöpfle „Hausrezept"

von Markus Polinski

4 Portionen
350 g gerauchte Schinkenwurst
1 Zwiebel
2 Bund Petersilie
100 g Butter
4 Brötchen (vom Vortag)
250 ml Milch
250 g Mehl (Type 405)
5 Eier
Muskatnuss
etwas Knoblauch
Salz, Pfeffer, Zucker

Zubereitung

Die gerauchte Schinkenwurst von der Haut befreien und in feine Würfelchen schneiden. Die Zwiebel und die Petersilie fein hacken und in Butter in einer großen Pfanne andämpfen, etwas salzen und zuckern und nach kurzer Zeit die Schinkenwurst dazugeben und mitdämpfen.

Die alten Brötchen in feine Scheiben schneiden und mit der heißen Milch übergießen, mit einem Holzlöffel gut durchmengen und kurz quellen lassen. Die Schinkenwurst, Eier, Mehl und Gewürze dazugeben und von Hand gut durchmischen und abschmecken. Mit zwei Esslöffeln Nocken abstechen, also Wurstknöpfle formen, in einen großen Topf mit kochendem Salzwasser gleiten und 10 Minuten köcheln lassen.

Die fertigen Wurstknöpfle in einer kräftigen Fleischbrühe mit Butterzwiebeln und schwäbischem Kartoffelsalat servieren. Oder aber Wurstknöpfle mit einer Bratensoße und gebackenen Zwiebeln auf Filderrahmkraut als pfiffige Vorspeise reichen.

Hans Haidle

Weingut Karl Haidle
2007 Justinus „K"
Kerner Q.b.A. trocken

Diese alte Rebe, eine Kreuzung aus Trollinger und Riesling, zeigt sich hier von ihrer besten Seite: ein Parade-Kerner! Sein exotischer Duft nach Melone, Banane, Mango und Eisbonbons springt fast schon aus dem Glas. Die lebendige Säure und der cremige Abgang stehen im Einklang mit dem Rahmsauerkraut von Markus Polinskis Wurstknöpfle.

Der Justinus „K" ist ein Wein, dem Hans Haidle viel Herzblut opfert. Ist es doch eine alte, lange verkannte Sorte, die er wieder zu großem Ansehen gebracht hat. Das Weingut Karl Haidle gehört zu den Top-Weingütern des Remstals und zu den internationalen Spitzenerzeugern. Hans Haidle bewirtschaftet die Terrassen unterhalb der Y-Burg in Kernen-Stetten, die sicher mit die besten des ganzen Remstals und zudem ideal für Weißweine sind. Weitsichtig und mit ungeheurer Sorgfalt wird im Weinberg und im Keller gewirtschaftet. „Ich mache Wein aus Passion", sagt Hans Haidle.

Doris Dohn

„Wer Kinder hat, der muss sie auch ernähren. Also muss man das Kochen lernen. Dann weiß man schnell, welche Fehler man nicht mehr machen darf."

Das genaue Abwiegen von Zutaten, das sklavische Einhalten von Rezepten ist ihre Sache nicht. Doris Dohn kocht schon ihr ganzes Leben lang, würzt sozusagen aus dem Handgelenk heraus und weiß am Herd instinktiv, was zu tun ist. Ihre Kochkunst basiert auf einem soliden Fundament an Erfahrung.

Wurstknöpfle macht Doris Dohn geradezu „im Schlaf". Dabei ist ihr Rezept durchaus ungewöhnlich, denn die Knöpfle werden nicht in der Brühe, sondern im Dampf gegart: „Dadurch laugen sie nicht so aus und werden auch nicht pampig."

Wenn sie bisweilen sieht, wie die Wurst einfach unter den Teig gemischt wird, dann „fährt mir das Feuer zu den Augen raus". Denn ebenso wie die Zwiebeln muss die Wurst natürlich vorher angedünstet werden, „sonst kommen die Aromen ja nicht zur Geltung". Auch mit Mehl spart Doris Dohn, sie nimmt lieber mehr trockenes Weißbrot: „Dann werden die Knöpfle lockerer."

Wurstknöpfle, in Dampf gegart

von Doris Dohn

6 Portionen

1 Kapselweißbrot (mind. 2 Tage alt)
etwas Butterschmalz oder Öl
1 große Zwiebel
je 50 g frische und geräuchte Schinkenwurst und scharfe Wurst (z.B. Paprikasalami)
frische Kräuter nach Saison: Petersilie, Schnittlauch, Bärlauch, Liebstöckel
1 Becher Schmand
5 Eier
etwas gekörnte Brühe
edelsüßes und scharfes Paprikapulver
1 EL Mehl
evtl. Semmelbrösel
Salz, Pfeffer

Zubereitung

Weißbrot in Würfel schneiden und in einer Pfanne in Butterschmalz goldbraun anrösten. In eine große Schüssel geben.

In derselben Pfanne die gehackte Zwiebel glasig dünsten, die Wurst in Würfel schneiden, dazu geben und mit anbraten. Zum Schluss die gehackten Kräuter hinzufügen.

Die Wurst-Masse zu den Brotwürfeln geben. In einer weiteren Schüssel separat Schmand und Eier verquirlen. Brühe, Gewürze und Mehl hinzufügen und verrühren. Schmand zu Wurst und Brotwürfeln geben und alles schön durchkneten. Sollte die Masse noch zu weich sein, Semmelbrösel unterkneten bis sie die richtige Konsistenz hat.

Aus der Masse Wurstknöpfle formen. Das A und O dieses Rezepts: Die Wurstknöpfle werden nicht in kochendem Salzwasser zubereitet, sondern 20 Minuten im Siebeinsatz über dem Wasserdampf gegart. Dadurch und durch den Schmand gehen sie fast um das Doppelte auf – und sie behalten ihr wundervolles Aroma.

Wolfgang Haidle

Weingut Wolfgang Haidle
2007 Silvaner
Kabinett trocken

Hier präsentiert sich ein frischer, leichter Silvaner mit einer rassigen Säurestruktur. Frisches Heu, Apfel und Aprikose sind nur wenige Aromen, die diesen feinwürzigen Wein umschreiben. Wunderschön spielt er mit den Wurstknöpfle.

Es ist diese Leichtigkeit, die Wolfgang Haidle an seinem Silvaner mag. Der bodenständige Wengerter setzt seit vielen Jahren konsequent auf Qualität, auf gesundes Lesegut, auf starken Rückschnitt der Reben, auf reduzierte Erträge – auch wenn das den Verzicht auf große Mengen bedeutet. Mehr als 60 Liter pro Ar möchte Wolfgang Haidle gar nicht ernten. So sind seine Weine geradlinig und ehrlich. Für Wolfgang Haidle und seine Frau Susanne ist eines ganz wichtig: „Unsere Weine müssen kernig, kräftig und raupelig, kantig und rau sein, nicht schmeichelhaft, elegant, samtig oder seidig weich." Und so gehört das Traditionsweingut aus Kernen-Stetten zu den Geheimtipps der Weinregion Remstal.

Hartmut Götz

„Meine größte Freude sind Soßen. Für mich gehört zu jedem Essen eine vernünftige Soße, die zum Fleisch und zum ganzen Gericht passt."

Auch ein Hobbykoch wie Hartmut Götz hat seine Philosophie – und zu der seinigen gehört neben einer ansprechenden Garnitur zwingend die Soße. Nun gehören Wurstknöpfle eher in die Brühe als an eine Soße – vielleicht der Grund, warum der gebürtige Schwabe von diesem schwäbischen Gericht noch nie etwas gehört hatte. Doch aus dem Internet holte sich das Mitglied eines Männerkochclubs das Grundrezept und begann zu experimentieren. Das fiel ihm nicht schwer, schließlich hatte er in diversen Restaurants und sogar schon in einer Sterneküche Kurse belegt. Der Rest war Kreativität. Und so fallen seine eher traditionell zubereiteten Knöpfle vor allem durch die beigelegten Gurkennudeln ins Auge und sie kitzeln die Geschmacksnerven durch in Butter gedünstete Zwiebeln. Zuhause steht übrigens unter der Woche seine Frau am Herd, doch am Sonntag gehört die Küche ihm. Dann wird nachgekocht, was Hartmut Götz mal mit Freude gegessen hat – aber immer mit Soße!

Wurstknöpfle mit Gurkennudeln

von Hartmut Götz

6 Portionen

1½ Bund Petersilie
2 Zwiebeln
30 g Butter
750 g Mehl
6 Eier
375 ml Wasser
300 g gerauchte Schinkenwurst
200 g gerauchte Bratwurst
3 große Salatgurken
3 unbehandelte Zitronen
225 g saure Sahne
1 TL Cayennepfeffer
6 EL Olivenöl
Salz, Pfeffer, Muskatnuss, Zucker

Zubereitung

Petersilie und Zwiebeln klein hacken und kurz in Butter andünsten. Mehl, Eier und 1½ TL Salz mit Wasser vermischen und kräftig schlagen. Wurst in kleine Würfel schneiden, zur Mehl-Masse geben und mit Zwiebeln und Petersilie zu einem gleichmäßigen Teig verrühren. Mit Pfeffer und Muskat abschmecken.

Mit zwei Esslöffeln Knöpfle formen und in kochendes Salzwasser geben. Wenn die Knöpfle gar sind (nach 5 bis 10 Minuten), schwimmen sie an der Oberfläche. Nach weiteren 5 Minuten herausnehmen und zum Abkühlen auf eine Platte legen. Gurken schälen und halbieren. Mit dem Spargelschäler bis zu den Kernen in Streifen schneiden, diese dann längs in ca. 2 mm feine Streifen schneiden. Gurkennudeln kurz in Salzwasser blanchieren, mit kaltem Wasser abschrecken. Den Zitronensaft mit saurer Sahne, Salz, Cayennepfeffer und 1 TL Zucker abschmecken und die Gurkennudeln darin marinieren. Die Wurstknöpfle mit in Butter gebräunten Zwiebeln und warmen Gurkennudeln servieren.

Gert Aldinger

Weingut Gerhard Aldinger
2007 Bentz Weißwein Cuvée
Q.b.A. trocken

Diese wunderschöne Cuvée aus Kerner und Sauvignon Blanc springt förmlich aus dem Glas und will unbedingt getrunken werden. Der Duft erinnert an saftige Birnen, Pfirsiche und Johannisbeeren. Dazu kommt eine spannende, exotische Note. Mit seiner milden Säure ist „der Bentz" ein wunderschöner Begleiter zu den frischen Gurkennudeln und Wurstknöpfle.

Das Fellbacher Weingut Gerhard Aldinger gehört ohne jede Frage zu den internationalen Spitzenerzeugern. Das Weingut ist stark verwurzelt im Remstal, dem „Garten Gottes" vor den Toren Stuttgarts, und schon 1492 urkundlich erwähnt. „Der richtige Wein zum richtigen Essen, das ist ein Stück Lebenskultur", meint Gert Aldinger, der so überaus erfolgreiche Weingärtner, der seit dem Jahr 2000 dem Vorstand der Deutschen Prädikatsweingüter angehört. Er erzeugt Weißweine mit feiner Frucht und filigraner Säure, seine Rotweine bestechen durch Tiefenstruktur und Dichte.

Petra Köder

„Ich koche eher nach Gefühl, selten nach Rezept. Aber wenn ich irgendwo etwas esse, das mir schmeckt, muss ich es zu Hause nachkochen."

Ihre ersten Wurstknöpfle hat Petra Köder bei der Schorndorfer Woche am Kolpingstand gegessen. Danach wollte sie es genau wissen und hat experimentiert. Im Urlaub mundeten ihr mit Rotkraut gefüllte Knödel – eine neue Rezeptur war geboren. Zweimal nur hat sie dieses Gericht ausprobiert, dann hat's geklappt. Denn sie ist ja beileibe keine Anfängerin und nur ganz selten geht ihr mal was schief am Herd. „Vier Kinder und ein Mann, die jeden Tag eine warme Mahlzeit wollen – da lernt man das Kochen!" Die Verwaltungsangestellte schaut sich überall um, mit den Augen und dem Gaumen, um dann in ihrer perfekt ausgerüsteten Küche die entdeckten Gerichte nachzukochen. Das spricht sich herum und so sitzen oft Gäste am Tisch. „Demnächst werden wir die Wand durchbrechen, um noch mehr Platz im Esszimmer zu haben", verrät sie. Denn wenn Petra Köder kocht, dann kocht sie richtig – am liebsten mit vielen Antipasti und mit ihrem heiß begehrten grünen Pesto.

Gefüllte Wurstknöpfle

von Petra Köder

6 Portionen
6 Eier
6 EL Mineralwasser
Dunstmehl
Rotkohl (frisch oder aus dem Glas)
1 Zwiebel
etwas Butter
1 Bund Petersilie
100 g Südtiroler Speck
4 Milchbrötchen (vom Vortag)
evtl. Gemüsebrühe
Salz

Zubereitung

Aus Eiern, Mineralwasser, Salz und dem Dunstmehl einen Spätzleteig herstellen und 30 Minuten ruhen lassen.

In der Zwischenzeit den Rotkohl zubereiten und garen. Abkühlen lassen und mit einem Teelöffel kleine Häufchen auf ein Tablett oder Küchenbrett setzen. In den Gefrierschrank stellen und die Rotkohlhäufchen anfrieren lassen.

Zwiebel klein hacken und in Butter andünsten. Petersilie ebenfalls klein hacken und zu den Zwiebeln geben. In eine Schüssel umfüllen und abkühlen lassen. Südtiroler Speck würfeln, Milchbrötchen klein schneiden und beides kurz in Butter angehen lassen. Abkühlen lassen, mit Zwiebeln und Petersilie zu dem Spätzleteig geben und alles gut vermischen.

Die Rotkohlhäufchen in die Mitte des abgestochenen Wurstknöpfleteigs geben und gut umhüllen. Die Wurstknöpfle in Salzwasser oder leichter Gemüsebrühe ca. 12 bis 15 Minuten – je nach Größe – ziehen lassen. Dazu Reh- oder Hirschragout mit Preiselbeeren servieren.

Rainer Schnaitmann

Weingut Rainer Schnaitmann
2007 Fellbacher Trollinger
Q.b.A. trocken

Ein fleischiger, hochwertiger Trollinger mit einer ordentlichen Tanninstruktur. Neben dem Duft nach Erdbeeren und Schattenmorellen bringt er auch Würze und Kräuter ins Glas. Ein Wein, der es mit kräftigen Gerichten sehr gut aufnehmen kann und der daher hervorragend mit den mit Rotkraut gefüllten Wurstknöpfle harmoniert.

Eigentlich wollte Rainer Schnaitmann keine Trollingerreben mehr in seinem Weinberg haben, als er 1997 das Weingut seiner Eltern übernahm. Zum Glück hat er doch einige Rebstöcke stehen lassen und inzwischen seinen Frieden mit diesem typischen „Schwaben" geschlossen. Rainer Schnaitmann ist mit seinen eleganten Weinen in kürzester Zeit zur Topklasse der Weinmacher aufgestiegen. Das nicht ohne Grund, denn der Fellbacher behandelt seine Reben wie Diven: Bettet sie in ausgewählte Böden, schont sie durch niedrige Erträge und beschattet die Trauben mit aufwändigem Laubschnitt.

Marion Kurpiel

„Ich mag Wurstknöpfle in ihrer ursprünglichen Art, gerade so, wie ich sie bei meiner Schwiegermutter kennengelernt habe."

Das Rezept für ihre Wurstknöpfle hat die gebürtige Rheinländerin von ihrer Schwiegermutter bekommen. Marion Kurpiel liebt die frische, bodenständige, schwäbische Küche und hat sich bei der Schwiegermutter, der Älblerin, gerne abgeguckt, wie man in der guten alten Zeit die „Original-Wurstknöpfle" gemacht hat. Mit den Zutaten, die man eben gerade im Haus hatte: Schwarzwurst, Schinkenwurst oder eben Landjäger. Denn die Küche auf der Alb war eine Arme-Leute-Küche mit vielen kohlenhydratreichen Speisen, die den Bauern die Kraft für ihre schwere Arbeit gaben. Ihr einziges Zugeständnis an die moderne Zeit: der Schnittlauch. „Den hatten die Bauern im Winter natürlich nicht." Bei Kurpiels kommt übrigens jeden Tag eine warme Mahlzeit auf den Tisch, denn Kochen und Backen gehört für die gelernte Zahnarzthelferin zum Alltag. Ihren Traum, einmal in einer großen Restaurantküche zu kochen, hat sich Marion Kurpiel im Hebsacker „Lamm" erfüllt.

Wurstknöpfle auf Älbler Art

von Marion Kurpiel

4 Portionen

1 Doppelwecken (vom Vortag)
1 Paar Landjäger
2 Rote Würste
Schnittlauch
1 mittelgroße Zwiebel
etwas Butter
500 g Mehl
4 Eier
evtl. etwas Wasser
Salz, Pfeffer, Muskatnuss

Zubereitung

Den Doppelwecken in Würfel schneiden. Landjäger enthäuten und ebenso wie die Rote Wurst in Würfel schneiden. Schnittlauch in Röllchen schneiden. Die Zwiebel in feine Würfel schneiden und in Butter andünsten.

Das Mehl und die Eier zu einem Teig verrühren und mit den Gewürzen abschmecken. Brot-, Wurstwürfel, Schnittlauch und Zwiebeln dazu geben und gut verrühren. Eventuell etwas Wasser zum Teig geben.

Mit einem Esslöffel Nocken abstechen und die Wurstknöpfle in 2 bis $2\frac{1}{2}$ l kochendem Salzwasser ca. 15 Minuten bei schwacher Hitze kochen.

Jörg Ellwanger

Weingut Jürgen Ellwanger
2007 Hebsacker Lichtenberg
Lemberger Q.b.A. trocken

Ein Lemberger, wie er im Buche steht: Schwarzrot in der Traube und mit dem Duft nach Süßkirsche, Pflaume und Johannisbeere präsentiert sich dieser Lemberger mit einer lebendigen Säure und ausgewogenen Tanninen.

An- und ausgebaut hat ihn das Winterbacher Weingut Jürgen Ellwanger, das eine ganz entscheidende Rolle bei der Einführung von im Barrique-Fass ausgebauten Weinen spielte. Anfangs noch als „Holzwurm" verspottet, wird Jürgen Ellwanger heute bei internationalen Ausscheidungen höchst ausgezeichnet. Der Pionier gehört zu den ersten, die den Blick der Weinkenner auf das Remstal gelenkt haben. Zu Jürgen Ellwangers Lieblingsweinen gehört der Zweigelt, eine Kreuzung aus St. Laurent und Lemberger, die er im Burgenland entdeckte und im Remstal von Erfolg zu Erfolg führt. Große Experimentierfreudigkeit zeichnen das Weingut aus, das Sohn Jörg heute mit großem Erfolg führt.

Gertrud Lenz

„Bei uns daheim wurde oft geschlachtet, da gab es auch Schinkenwurst. Da hat man in der Küche eben das beim Kochen genommen, was man hatte."

Gertrud Lenz kommt vom Unterland. Wie überall im Schwäbischen waren in der Nachkriegszeit auch dort einfache Gerichte wie Wurstknöpfle sehr beliebt. In dem landwirtschaftlichen Betrieb, in dem sie aufwuchs, war ja alles da – vom Mehl über die Eier bis zur Wurst kam alles vom eigenen Hof. Und schon als Zehnjährige musste Gertrud Lenz mithelfen – und sie hat dabei viel gelernt.

Ihr Wurstknöpfle-Rezept ist von der Großmutter. Direkt nach der Schule arbeitete Gertrud Lenz in einer Metzgerei mit Wirtschaft, „da hab ich halt g'schaut, was die so machet". Und dann mit nur 17 Jahren ging es „in Stellung" bei einem großen Waiblinger Ärztehaushalt, da musste „das junge Mensch" gleich für 13 Personen kochen. Das geht einem in Fleisch und Blut über. Heute profitiert ihr Mann davon, denn nach wie vor kommt bei Familie Lenz jeden Mittag eine warme Mahlzeit auf den Tisch. Schwäbisch natürlich, denn „mein Mann will das gerne so!"

Unterländer Wurstknöpfle

von Gertrud Lenz

6 Portionen

4 trockene Wecken
Milch
Petersilie
2 Zwiebeln
Butter
400 g gerauchte Schinkenwurst
375 g Mehl
5 Eier
etwas Wasser
Salz, Pfeffer, Muskatnuss, Paprika

Zubereitung

Wecken in Scheiben schneiden und in Milch einweichen. Petersilie und Zwiebeln fein schneiden und in einer Pfanne in Butter andünsten. Die Schinkenwurst in feine Würfel schneiden.

Mehl, Eier und Gewürze mit Wasser in einer Schüssel anteigen – wie bei der Zubereitung eines Spätzleteigs. Die in Milch eingeweichten Wecken, die Schinkenwurst und die gedünsteten Zwiebeln mit der Petersilie in die Schüssel zu Mehl, Eiern und Gewürzen geben und mit einem Rührlöffel einarbeiten.

Mit zwei Teelöffeln den Teig zu kleinen Klößen – Wurstknöpfle – formen und in kochendes Salzwasser geben. Etwa 5 bis 7 Minuten aufkochen.

Albrecht Schwegler

Weingut Albrecht Schwegler
d'r Oifache
Q.b.A. trocken

Ein alltäglicher Wein mit Aha-Erlebnis! Brombeere und etwas Rosmarin, dazu eine markante Würze machen diesen Wein aus den Rebsorten Trollinger, Lemberger, Zweigelt und Regent zu einem (nicht) alltäglichen Genuss.

Eigentlich ist es klar, dass auch ein Wein, der „d'r Oifache" heißt, bei Albrecht Schwegler ein besonderer Tropfen ist. Denn der Mann, der – gleichzeitig – eine Firma für Präzisionsteile und ein kleines, aber sehr feines Weingut leitet, ist ein Perfektionist. Alles, was er aus seiner kleinen Anbaufläche in Korb herausholt, hat es in sich. „Man muss schon äußerst pingelig sein. Wir ernten, wenn die Beeren vollreif sind, nicht überreif dürfen sie sein. Dann haben sie die falschen Aromen." Kein Wunder, dass der Weingärtner Albrecht Schwegler grandiose Rotweine macht. Damit es so bleibt, wird weiterhin jede Traube Beere für Beere kontrolliert. Egal ob der Wein „Granat" oder „d'r Oifache" heißt.

Petra Möck

„Mein Wurstknöpfle-Rezept kommt schlicht daher, es ist einfach gut – mit der Betonung auf ‚einfach' ebenso wie auf ‚gut.'"

Wurstknöpfle sind Petra Möcks Leibspeise aus Kindertagen: „Meine Mutter, obwohl aus Mittelfranken stammend, hatte bei uns zu Hause das Gericht oft auf dem Speisezettel – und ich habe es geliebt." Doch als Petra Möck vor vielen Jahren begann, sich fleischlos zu ernähren, blieben auch die Wurstknöpfle auf der Strecke: „Ohne Landjäger-Würfel sind Wurstknöpfle halt leider nur noch Knöpfle." Vor einiger Zeit hat sie entdeckt, dass es jetzt im Bioladen vegetarische Landjäger aus Weizeneiweiß mit Hanfsaat gibt. „Ja, doch, der Geschmack ist viel besser, als sich das vermutlich anhört!", berichtet Petra Möck, die überaus glücklich darüber ist, damit die Wurstknöpfle für sich wieder entdeckt zu haben: „Sie schmecken genau so, wie ich sie aus meiner Kindheit und Jugend in Erinnerung behalten habe: einfach gut!" Während sie früher in der Brühe und mit Kartoffelsalat auf den Tisch kamen, schwenkt Petra Möck sie heute kurz in Butter und isst sie mit einem grünen Salat.

Wurstknöpfle vegetarisch

von Petra Möck

2 Portionen

1 größere Schalotte
½ Bund Petersilie
2 EL Butter
1 vegetarischer Landjäger
(aus dem Bioladen)
250 g Mehl
3 Eier
evtl. Wasser
Salz, Pfeffer

Zubereitung

Schalotte würfeln und Petersilie fein hacken. Beides in Butter kurz andünsten. Landjäger in feine Würfel schneiden. Mehl mit den Eiern vermengen, Petersilie, Schalotte und Landjägerwürfel zugeben. Salzen, pfeffern und mit etwas Wasser zu einem zähen Teig verrühren.

Mit zwei Esslöffeln aus dem Teig kleine Klößchen abstechen und in kochendes Salzwasser geben. Wenn sie an die Oberfläche schwimmen, noch ca. 5 Minuten ziehen lassen, mit einem Schaumlöffel herausheben und gut abtropfen lassen. In zerlassener Butter schwenken und leicht anbräunen.

Hans-Peter Wöhrwag

Weingut Hans-Peter und Christin Wöhrwag
2007 Baias Rotwein-Cuvée
Q.b.A. trocken

Diese hellrot glänzende Kombination aus den Rebsorten Trollinger, Dornfelder und Acolon präsentiert sich elegant, frech und fruchtig. Kräuter, Petersilie und Mandeln spiegeln sich in diesem Wein wider. Seine primäre Aromatik nach Schattenmorellen und Wildkirsche machen diesen Baias zu einem sehr schönen, fruchtig trockenen Erlebnis. Mit dieser Rotwein-Cuvée macht sich keiner zum Baias, zum Kasper also, wie der Clown nach einem alten schwäbischen Wort gerufen wird.

„Wir machen ganz bewusst Weine, die hervorragend in die Landschaft passen, die zu ihr gehören, absolut authentische Weine. Sie sollen ihren eigenen Charakter haben." Das ist das Credo von Hans-Peter Wöhrwag. Rund 20 Hektar bewirtschaftet das Weingut Wöhrwag, das ohne jede Frage zur absoluten Elite im Südwesten zählt, in Stuttgart-Untertürkheim. Auch dies sagt er unmissverständlich: „Nur guten Wein zu machen, nützt nichts, es muss auch bekannt sein". Er ist's.

Rainer Reichensperger

„Ich schaue in meiner Rezeptsammlung, ich frage die Marktfrauen, ich frage meinen Metzger und dann weiß ich genau, wie ich kochen muss!"

Rainer Reichensperger stammt aus einem landwirtschaftlichen Betrieb und als die Mutter eines Tages in die Kur ging, musste er für den Acht-Personen-Haushalt kochen. „Da hab' ich halt gemacht, was ich mir bei der Mutter abgeguckt habe!" Und das waren nicht selten Wurstknopfle, ein typisches Freitagsgericht auf dem Lande.

Sein ganz spezielles Rezept, zu dem auch eine kräftige, hochwertige Fleischbrühe gehört, hat er den handschriftlichen Notizen von Mutter und Großmutter entnommen und ein bisschen veredelt. Auch heute noch steht der gelernte Bankkaufmann als willkommener Ausgleich zu seinem – wie er meint – eher „trockenen" Beruf sehr gerne und auch häufig in der Küche, vor allem, wenn Gäste kommen. Bis zu 180 Personen hat er schon bekocht – mit Schlachtplatte oder Fischplatten und auch mit Gyros. Kochen ist einfach sein Hobby. „Meine Lebensgefährtin", lacht er, „ist dann zur Hilfskraft degradiert."

Badische Wurstknöpfle

von Rainer Reichensperger

6 Portionen

500 g Mehl (Spätzlemehl)
6 Eier
Mineralwasser (mit Kohlensäure)
1 Bund frische Petersilie
300 g Fleischwurst, alternativ geräuchte Schinkenwurst oder Bratwurst
Majoran
getrocknete Petersilie
Salz, Muskatnuss

Zubereitung

Aus Mehl, Eiern, Mineralwasser und Salz einen Spätzleteig herstellen. Frische Petersilie hacken. Die Wurst in sehr feine Würfel schneiden und mit der Petersilie unter den Teig heben. Mit den Kräutern und Gewürzen abschmecken.

Wurstknöpfle vom Brett in kochendes Salzwasser schaben. Wenn sie an der Oberfläche schwimmen, mit einem Schaumlöffel herausnehmen und auf einer Platte abkühlen lassen.

Mein Serviervorschlag: Semmelbrösel in Butter schwenken, bis sie goldbraun sind. Wurstknöpfle mit den Semmelbröseln abschmelzen. Auf Teller geben und mit Brühe übergießen. Alternativ die Badischen Wurstknöpfle einfach nur in Fleischbrühe servieren.

Manfred Wipfler

Remstalkellerei
2007 Stettener Pulvermächer
Riesling Kabinett trocken

Dieser kernige Riesling duftet nach grünem Apfel und hat leichte mineralische Anklänge. Man spürt die rassige Säure, die er mit sich bringt. Ein Riesling, der ideal zu den Badischen Wurstknöpfle passt.

Der Riesling macht etwa ein Fünftel der rund sieben Millionen Liter Wein aus, die von der Remstalkellerei jährlich gekeltert werden. Dabei ist die Spitzenlage Stettener Pulvermächer natürlich das Sahnehäubchen der rund 650 Hektar großen Rebfläche. Dass jedes Gewächs die ihm zustehende Behandlung erfährt, ist die Aufgabe von Kellermeister Manfred Wipfler. Kein leichtes Unterfangen, haben doch die 1500 Mitgliedsbetriebe bisweilen ihre eigenen Vorstellungen. „Oberste Priorität für uns ist, dass wir den Weingärtnern ein erträgliches Einkommen sichern – und das natürlich bei einer möglichst hohen Qualität unserer Weine", versucht der gebürtige Badener den Spagat zu schaffen. Und es gelingt ihm auch.

Rose Schumacher

„Es ist gar nicht so schwer, ein mehrgängiges Menü für 2,50 Euro pro Person herzustellen, beispielsweise mit Wurstknöpfle als Hauptspeise."

Rose Schumacher ist in einem Freundeskreis, der sich unter strengen Regeln und Voraussetzungen regelmäßig gegenseitig bekocht. Für Produkte dürfen dann nicht mehr als 2,50 Euro pro Person ausgegeben werden. „Dafür sind Wurstknöpfle hervorragend geeignet", meint sie, „weil die einzige etwas kostspieligere Zutat die Wurst ist." Das etwas kompakter wirkende Dinkelmehl hat die Filstalerin deshalb in ihr Rezept aufgenommen, weil es ihrer Meinung nach als traditionsreiche Mehlsorte eine Renaissance verdient hat. Das Rezept selbst stammt von ihrer Mutter, die es „in Stellung" oft zubereitet hat. Rose Schumacher, die kocht, um sich zu entspannen, hält einfache Rezepte für ihre Kinder fest. Handschriftlich. Damit sie nicht verloren gehen.

Für das Wurstknöpfle-Menü würde sie erst einen Salat servieren, dann zweierlei Suppen mit Paprika und Gemüse und nach dem Hauptgang eine überaus raffinierte Apfelterrine mit Rosinen und Nüssen.

Dinkel-Wurstknöpfle

von Rose Schumacher

6 Portionen
500 g Dinkelmehl (Type 650)
5 Eier
Mineralwasser (mit Kohlensäure)
2 Wecken (vom Vortag)
250 g gerauchte Schinkenwurst
1 Paar Landjäger
1 große Zwiebel
viel Petersilie
Butter
Frühlingszwiebeln
Salz, Pfeffer, Muskatnuss, gemahlene Korianderkörner

Zubereitung

Aus Dinkelmehl, Eiern, Mineralwasser, Salz, Pfeffer, Muskat und Koriander einen dicken Knöpfleteig herstellen.

Wecken und Schinkenwurst in Würfel schneiden. Landjäger in der Küchenmaschine zerkleinern. Zwiebel würfeln und Petersilie klein hacken. Alles zusammen in Butter andünsten, leicht abkühlen lassen und diese Masse unter den Knöpfleteig heben.

Mit einem Esslöffel dicke Nocken abstechen und in kochendem Salzwasser 25 Minuten ziehen lassen. Herausnehmen, gut abtropfen und trocknen lassen.

Mit Butter, Frühlingszwiebeln und Petersilie schmelzen. Dazu Riesling-Rahmsauerkraut mit Weintrauben reichen. Auch mit einem Trollinger-Schaumsößle und Ackersalat (angemacht mit Walnussöl) werden die Knöpfle gut munden. Außerhalb des Remstals, z.B. im Filstal, bieten sich ein Mostsößle aus der Champagnerbratbirne und ein Endiviensalat als Beilage an.

Friedrich Zimmerle

Weingut Friedrich Zimmerle

2007 Schwarzriesling ** Astrum
Q.b.A. trocken

Ein Schwarzriesling mit einer eleganten Burgundernote. Er erinnert an Veilchen, Brombeeren und Süßkirschen. Die alten Rebstöcke geben dem Wein seinen ganz persönlichen Charme und Charakter. Ein Wein reich an Finesse mit ausgewogener, seidiger Mundfülle.

Hat man früher die Rebstöcke nach 20 Jahren gerodet, freut man sich heute an den kleinen Beeren, die mit ihrer konzentrierten Kraft die besten Weine ergeben. Einer wie Friedrich Zimmerle hat zum Glück viele solcher alten Stöcke in seinen Weinbergen, denn das Korber Weingut schaut auf eine Geschichte zurück, die bis ins Jahr 1647 reicht. Die Familie war lange Zeit Genossenschaftsmitglied, bis sich Friedrich Zimmerle auf seine eigenen Fähigkeiten besann. Zusammen mit seinem Sohn Jens hat er den Ehrgeiz, sortentypische und unverfälschte Weine herzustellen, die im internationalen Vergleich auch bestens bestehen.

Ilona Hampp
Klaus Schuster

„Jeder von uns hat seine klar umrissenen Aufgaben – beim Essen Zubereiten in der Küche ebenso wie bei allen anderen Dingen des Lebens!"

Tatsächlich ergänzen sich Ilona Hampp und Klaus Schuster hervorragend am Herd. Sie ist zuständig für die aufwändigen, die feineren Gerichte. Dabei ist sie schnell und geht recht großzügig mit den Zutaten um. Er dagegen ist der Perfektionist – freilich „ohne ein Pedant zu sein" – und zugleich der Kreativere der beiden. Zusammen haben sie den „Schwäbischen Wurstknopftopf" erfunden, der schon deshalb so heißt, weil das Wort ein so schöner Zungenbrecher ist. Ilona Hampp („ich bin Geometer") und Klaus Schuster (Architekt und Diplom-Ingenieur) gehören zur Fraktion derer, die nicht von Wurstknöpfle, sondern von Wurstspätzle sprechen. Ihre schwarz-weiß-grünen, eher kräftig schmeckenden Spatzen weichen daher auch in der Konsistenz etwas von den anderen Rezepten ab. Ihr Tipp: Wie viele Gerichte werden auch die Wurstspatzen erst richtig gut, wenn man sie zum zweiten Mal aufkocht. Und wenn man beim Kochen ein Viertele trinkt: sie „eher süß", er „eher lieblich".

Schwäbischer Wurstknopftopf

von Ilona Hampp und Klaus Schuster

6 Portionen
140 g gerauchte Schinkenwurst
100 g Landjäger
50 g gerauchter magerer Speck
1½ Bund Petersilie
7 Zwiebeln
130 g Butterschmalz
500 g Mehl
65 g Grieß
5 Eier
60 g Pfefferschwarzwurst
70 g saure Gurken
40 g Sauerkraut
2 Bund Schnittlauch
1 Handvoll frische Kresse
100 g gehackte Walnüsse
Salz, Pfeffer, Muskatnuss

Zubereitung

Schinkenwurst, Landjäger und Speck in kleine Würfel schneiden. Petersilie und Zwiebeln klein hacken. Aus Zwiebeln und Speck im Butterschmalz eine Zwiebelschmelze herstellen. Aus Mehl, Grieß, Eiern, 140 ml Wasser und 1½ TL Salz einen zähen Spätzleteig produzieren und kräftig schlagen. Wurst, Petersilie und ein Drittel der Zwiebeln dazugeben. Mit Pfeffer und Muskat abschmecken. Ruhen lassen.

Teig in drei gleich große Portionen teilen und jeweils die Zutaten für die Wurstknopfvarianten untermischen. Variante 1: Pfefferschwarzwurst- und Gurkenwürfel plus Sauerkraut, Variante 2: Schnittlauchröllchen und Kresse, Variante 3: Walnüsse. Aus dem Teig mit 2 Teelöffeln löffelgroße Klößchen abstechen und in kochendes Wasser geben.

Wurstknöpfle in einer kräftigen Fleischbrühe mit etwas Krauteinlage und der gebräunten Zwiebelschmelze servieren. Dazu lauwarmen Kartoffelsalat reichen.

Markus Heid

Weingut Markus Heid
2007 Fellbacher Lämmler
Saint Laurent Q.b.A. trocken

Als hätte man ein Glas gefüllt mit Waldbeeren und Brombeeren vor sich. Die fast schon süßen Tannine dieses fleischigen, saftigen Saint Laurent ergänzen optimal den kräftigen Geschmack des Specks in den Wurstknöpfle.

Allergrößten Wert legt Markus Heid darauf, das Zusammenspiel von Klima, Boden und Rebsorte im Glas zu schmecken. Gerade und vor allem auch beim Saint Laurent, dieser alten Rebsorte, die seiner Meinung nach besser ins Remstal passt als nach Südfrankreich. Das Fellbacher Weingut ist mit nur sechs Hektar recht klein – und will es auch bleiben. Denn Markus Heid will seinen Wein auf Schritt und Tritt begleiten: „Ich will alles selber machen. Ich will selbst schneiden, binden, lesen, einmaischen und auch selbst ausbauen." Nur so kann er dem Wein seinen unverwechselbaren Stempel aufdrücken. Wie sehr er seine Arbeit liebt, sieht man auch daran, dass er die Reben mit Weidenruten anbindet.

Regina Trapp

Als Schülerin ging Regina Trapp mal am Stuttgarter Hotel Graf Zeppelin vorbei. „Wenn ich jemals Köchin werde", dachte sie, „dann dort!"

Tatsächlich wurde Regina Trapp später bei Steigenberger zur Köchin ausgebildet. Sie war sehr kreativ und gewann bald Wettbewerbe, so 1992 den 1. Preis beim angesehenen Commis-Rôtisseur-Wettbewerb. Zu Hause ist bei ihr eher die einfache Küche angesagt. Doch als sie zum ersten Mal Wurstknöpfle servieren wollte, hat sie nirgendwo ein brauchbares Rezept gefunden. „Ich war ganz auf meine Phantasie angewiesen", erzählt sie, „und ich habe wochenlang probiert."

Und es war ihre Kreativität, die sie auf ganz neue Ideen brachte: „Weil das Auge mitisst, habe ich bei diesem Rezept großen Wert auf die Farbigkeit gelegt. Und um mal etwas anderes als das Herkömmliche zu machen, habe ich die dreierlei Wurstknöpfle erfunden!" Diese Spezialität finden inzwischen auch die Mercedes-Mitarbeiter gelegentlich auf dem Speisezettel, denn Regina Trapp, die heute „beim Daimler" kocht, musste versprechen, ihre Wurstknöpfle auch dort anzubieten.

Eine bunte Variation

von Regina Trapp

6 Portionen
2 Tafelbrötchen
2 Laugenbrötchen
250 ml Sahne
1 Zwiebel
200 g gerauchte Schinkenwurst
1/4 Stange Lauch
Petersilie
100 g Butter
2–3 Eier
Mehl
2–3 EL Kürbismus
2–3 EL Tomatenmus
2–3 EL Spinatmus
Salz, Pfeffer, Muskatnuss

Zubereitung

Die Brötchen in feine Würfel schneiden. Die Sahne erwärmen, über die Brötchen gießen und durchziehen lassen. Zwiebel, Wurst und Lauch in feine Würfel schneiden. Die Petersilie fein hacken. Butter zerlassen und einen Teil davon zu der Brotmasse geben, in der restlichen Butter die Zwiebel- und die Lauchwürfel anschwitzen. Alles mit Petersilie, Wurst und den Eiern zu einem schönen Brotteig verkneten. Mit Salz, Pfeffer und Muskat abschmecken und mit etwas Mehl abbinden.

Den Teig zu gleichen Teilen auf drei Schüsseln verteilen: In die erste Schüssel das Kürbismus geben, in die zweite Schüssel das Tomatenmus und in die dritte Schüssel das Spinatmus. Mus jeweils gut unter den Teig heben.

Mit einem Esslöffel Wurstknöpfle abstechen und in kochendes Salzwasser geben. 10 bis 15 Minuten ziehen lassen. Die Wurstknöpfle mit Brühe, Sauerkraut, Kartoffelsalat oder mit geschmelzten Zwiebeln anrichten.

Wolfgang Klopfer

Weingut Wolfgang Klopfer
2007 Weißburgunder *
Q.b.A. trocken

Ein typischer Weißburgunder aus dem hervorragenden Jahr 2007. Er präsentiert sich voller Eleganz mit den Aromen von saftiger Quitte und reifer Aprikose. Der würzige und nussige Geschmack und die feinrassige Säure machen den Wein zu einem harmonischen Begleiter des Kürbis- und Tomatenmus.

Weil er gerne Neues ausprobiert, hat Wolfgang Klopfer nach der „Methode champagnoise" aus dem Weißburgunder auch schon seinen eigenen Sekt gekeltert. Denn das Großheppacher Weingut gehört zu den experimentierfreudigsten Weingütern des Remstals. Wolfgang Klopfer sieht sich als Mittler zwischen Aufbruch und Tradition. Er möchte nicht jeden Trend mitmachen, aber dennoch nach neuen Wegen suchen, um den heimischen Gewächsen „zur höchsten Vollendung zu verhelfen". Tatsächlich ist der stille Mann ein echter schwäbischer Tüftler, dem bei der Arbeit immer neue Ideen kommen.

Werner Unterberger

„Kochen sollte immer gut organisiert sein. Ich bereite so viel wie möglich vor und stelle ein Glas Wein bereit. Dann kann's losgehen!"

Wer nicht kochen kann, lernt es spätestens dann, wenn er Hunger hat und die Küche im Ausland einfach nicht schmecken will. So erging es Werner Unterberger als jungem Mann in Schweden: „Das war alles so süßlich!" Also ließ er sich von seiner Mutter ein einfaches Kochbuch mit den Basisrezepten schicken und stellte sich in die Küche. Bald war er am Herd so gut, dass er auch Gäste einladen konnte, die sich nach deutscher Küche sehnten. Perfektioniert hat Werner Unterberger seine Kochkenntnisse erst viele Jahre später in Kochkursen, wo er lernte, hochwertige Menüs mit komplizierten Speisefolgen zu kochen. Wurstknöpfle hat der gelernte Werkzeugmacher schon als Kind oft und gerne gegessen. Aber wie man sie zubereitet, wusste er lange Zeit nicht. Ein gutes Rezept war in keinem Kochbuch zu finden, also hieß es, so lange zu probieren, bis das Ergebnis zufriedenstellend war. „Zum Schluss bin ich auf die Peitschenstecken gestoßen und wusste: das ist es!"

Wurstknöpfle mit Peitschenstecken

von Werner Unterberger

6 Portionen
3 Tafelbrötchen (vom Vortag)
250 ml lauwarme Milch
1 Bund Petersilie
3 Zwiebeln
30 g Butter
400 g gerauchte Schinkenwurst
2 runde, harte Peitschenstecken
750 g Mehl
6 Eier
250 ml Wasser
Salz, Pfeffer, Muskatnuss

Zubereitung

Brötchen in dünne Scheiben schneiden, in eine Schüssel geben und Milch darüber gießen. Zugedeckt ca. 20 Minuten ziehen lassen, bis die Milch aufgesogen ist. Petersilie fein hacken, Zwiebeln in kleine Würfel schneiden und beides in Butter glasig dünsten. Schinkenwurst und Peitschenstecken in kleine Würfel schneiden. Aus Mehl, Eiern, $1\frac{1}{2}$ TL Salz und Wasser durch festes Schlagen einen zähen Teig ohne Klumpen herstellen. Der Teig sollte einem Spätzleteig ähneln. Die Brötchen ausdrücken, mit Wurst, Petersilie und Zwiebeln zum Teig geben und gut mischen. Mit Pfeffer und Muskat abschmecken.

Einen großen Topf mit Wasser zum Kochen bringen, Salz dazugeben. Mit zwei Esslöffeln, die immer wieder in heißes Wasser getaucht werden, den Teig am Schüsselrand abstechen, zu Klößen formen und in das kochende Wasser geben. Wenn die Wurstknöpfle nach ca. 10 Minuten gar sind, schwimmen sie oben. Mit einem Schaumlöffel herausnehmen, abtropfen lassen und auf einen Teller legen. Man serviert die Wurstknöpfle in einer Fleischbrühe mit Zwiebelschmelze, mit Weinsauerkraut oder angebraten mit Kartoffelsalat.

Sven Ellwanger

Weingut Bernhard Ellwanger

Großheppacher Kopf

Spätburgunder Weißherbst Kabinett

Man schließt die Augen und riecht die Blumen einer Wiese. Im Mund schmeckt man Erdbeeren und Kirschen. Die feine Restsüße und der saftige Charakter paaren sich ideal mit den in der Brühe angerichteten Wurstknöpfle.

In diesem Wein spürt man die Ruhe und Gelassenheit, mit der Sven Ellwanger den seit 1514 im Remstal wirtschaftenden Familienbetrieb erfolgreich führt. Sven Ellwanger gehört mit vier anderen Jungwinzern zur Gruppe „Junges Schwaben", einer Runde von Weinmachern, die sich gegenseitig kritisch begleiten und große Weine gemeinsam unter diesem Label vermarkten. Seine ersten praktischen Erfahrungen hat er nach dem Weinbaustudium in Neuseeland gemacht. Dort und auf weiteren Reisen hat er gelernt, dass der weitgehende Verzicht auf Technik, auf Zuchthefen, Enzyme, Mostkonzentrate oder Eichenholzchips zu starken Weinen mit großer innerer Ruhe führt.

Markus Waibel

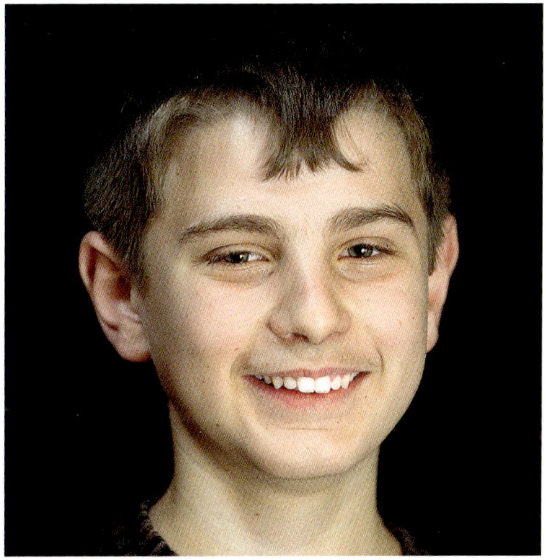

„Ich habe mir vorgenommen, Koch zu werden. Und wenn man etwas will, muss man sich Ziele setzen. Sonst kann man es gleich bleiben lassen."

Koch – das geben wahrscheinlich nur wenige junge Buben als Berufswunsch an. Aber Markus Waibel ist „felsenfest" davon überzeugt, dass hier sein Glück liegt. Geweckt wurde sein Interesse schon auch durch Kochsendungen im Fernsehen. Und als er im Alter von zwölf Jahren sein erstes eigenes Brot im Backhäusle des Dorfes buk, war die Entscheidung für den Beruf klar. Es folgten Gemüsepfannen, Rostbraten, Aufläufe, Ofenschlupfer – und vieles mehr. Klar, dass als nächste Station ein Wettbewerb kommen musste, obwohl Wurstknöpfle Neuland für den jungen Mann waren. Um sich von vorneherein etwas abzuheben, hat Markus Waibel Omas Rezept veredelt und besonderen Wert auf sein Spezialgebiet, die Garnitur gelegt. Der Wettbewerbstag in einer professionellen Restaurantküche war für ihn dann so beglückend „wie ein Ferientag". Als nächstes steht ein Praktikum an, dann die Lehre und in der Schweiz will er seine Reife als Koch erringen. Man muss sich halt Ziele setzen.

Wurstknöpfle nach Großmutters Art

von Markus Waibel

6 Portionen

180 g Knödelbrot
300 ml Wasser
1 große Zwiebel
140 g gehackte Petersilie
etwas Butter
5 Landjäger
300 g Mehl
6 Eier
Fleischbrühe
Salz, Pfeffer, Muskatnuss

Zubereitung

Das Knödelbrot in Wasser einweichen. In der Zwischenzeit die Zwiebel sowie die Petersilie fein hacken und in einer Pfanne in Butter andünsten. Die Landjäger klein schneiden. Mehl und Eier in eine große Schüssel geben und mit dem Knödelbrot, den Zwiebeln, der Petersilie und der Wurst zu einem Teig verrühren. Mit Salz, Pfeffer und Muskat abschmecken.

Aus dem fertigen Wurstknöpfleteig mit einem Esslöffel die Knöpfle abstechen, direkt in einen Topf mit kochender Fleischbrühe geben und darin wenige Minuten ziehen lassen. Dabei immer wieder umrühren, damit die Wurstknöpfle nicht am Boden des Topfes ankleben. Dazu am besten Kartoffelsalat nach Großmutters Rezept servieren.

Jochen Beurer

Weingut Jochen Beurer
2007 Stettener Pulvermächer
Riesling „Schilfsandstein" Q.b.A.

Ein saftiger Riesling, der an reife Äpfel und Birnen erinnert. In seiner mineralischen Note kann man den Schilfsandsteinboden im Glas erschmecken. Es besteht eine tolle Balance zwischen Süße und Säure. Die angenehme Restsüße dieses Beurerschen Weines ergänzt sich wunderbar mit den Wurstknöpfle nach Großmutters Art.

Der Charakter dieses Weines verweist auf seinen Erzeuger. Jochen Beurer aus Kernen-Stetten im Remstal hat einen sehr eigensinnigen und unverwechselbaren Stil entwickelt. Dazu gehört der Verzicht auf mineralische Dünger und chemische Pflanzenschutzmittel ebenso wie der Rückgriff auf urtümlich erscheinende Methoden wie den Rebschnitt bei abnehmendem Mond oder den Verzicht auf Reinzuchthefen. Jochen Beurers Lieblingswein ist der Riesling, den er kalt und oft bis in den Sommer hinein gären lässt. Seine Philosophie: „Ich will den ganzen Prozess, den der Wein durchläuft, erleben. Auf meine Art."

Werner Weng

„Wenn meine Mutter etwas von mir wollte, kochte sie Wurstspatzen, wie sie bei uns hießen. Die waren so gut – ich hätte darin baden können!"

„Wurstspatzen begleiten mich durch mein ganzes Leben", erzählt Werner Weng. Sein Rezept stammt von seiner Großmutter, nur dass früher natürlich viel weniger Wurst verwendet wurde und man sie nicht in der Fleischbrühe gegessen hat, sondern im Spätzlewasser. „Gegessen wurde aus einem Topf. Jedes Familienmitglied hatte einen Löffel. Der wurde nach dem Essen abgeschleckt und kam wieder in die Schublade bis zum nächsten Essen." Die Wurstspatzen müssen daher für ihn vor allem nach Spätzle und nach Zwiebeln schmecken und dürfen nicht irgendwie „mediterran verunstaltet" sein. „Zuerst isst man einen Teller mit Wurstspatzensuppe. Beim zweiten Teller nimmt man nur noch ganz wenig Brühe. Dazu serviert man schwäbischen Kartoffelsalat und Feldsalat." Werner Weng hat sogar einmal auf der Insel Tobago die Kariben mit Wurstspatzen begeistert. „Hoffentlich habe ich nicht deren Weltbild über das Essverhalten der Europäer zerstört", lacht er.

Minas Wurstspatzen

von Werner Weng

6 Portionen
1,5 kg Rinderknochen (Brustknochen)
1 Bund Suppengrün
3 Zwiebeln
Butter
700 g Spätzlemehl (oder je 350 g Mehl und Dunstmehl)
4 Eier
150 g Salami (alternativ Peitschenstecken, gerauchte Schinkenwurst)
etwas Blattpetersilie
Salz, Pfeffer, Muskatnuss

Zubereitung

Die Fleischbrühe am Vortag zubereiten. Dazu die Knochen kurz aufkochen, dann abseihen und mit kaltem Wasser abschwenken. Mit Suppengrün und einer in Butter angebratenen Zwiebel in einen Topf mit ca. 5 Litern kaltem Wasser geben. Mit Salz, Pfeffer und Muskat würzen und ca. 90 Minuten kochen. Die Brühe abseihen und über Nacht erkalten lassen. Das Fett abschöpfen.

Für den Spätzleteig das Mehl in eine breite Schüssel geben. Eier und 1 Prise Salz dazugeben. Mit einem Rührlöffel zu einem zähen, festen Teig rühren, eventuell etwas Wasser zugeben. Restliche Zwiebeln klein hacken und die Hälfte in Butter goldgelb andünsten. Die Wurst in kleine Würfel schneiden. Beides mit der Petersilie zum Teig geben. Ca. 1 Stunde ruhen lassen. Spatzen vom Brett in kochendes Wasser schaben. Aufkochen lassen, abschöpfen und in eine große Schüssel mit lauwarmem, gesalzenem Wasser geben. Abseihen und kurz mit kaltem Wasser spülen.

Brühe mit Wasser auf ca. 2 Liter auffüllen, Wurstspatzen hineingeben. Zwiebelwürfel in Butter schmelzen und kurz vor dem Servieren über die Suppe geben.

Werner Seibold

Fellbacher Weingärtner
2007 Pinot Meunier „S"
Q.b.A. trocken

Ein fruchtbetonter Pinot Meunier mit würzigen Akzenten. Der Duft nach Himbeeren und Kirschen gepaart mit der milden Säure ermöglichen ein pures Trinkvermögen.

Der Mann, der im Dienste der Fellbacher Weingärtner die meiste Zeit seines Lebens im Keller verbringt, heißt Werner Seibold und hat die Genossenschaft weit über die Region hinaus bekannt gemacht. Als Kellermeister betreut er mehr als ein Dutzend, vorwiegend rote Rebsorten, die er zu mehr als hundert Kreszenzen verschiedener Qualitätsstufen mit Geschmacksrichtungen von trocken über halbtrocken bis edelsüß ausbaut. Darunter sind auch im Remstal eher seltene Gewächse wie die Burgundersorte Meunier. Geduld ist, so weiß Werner Seibold, seine wichtigste Tugend, denn „man muss den Trauben einfach Zeit lassen, im Weinberg und im Keller". Das Ergebnis sind authentische Weine von hoher Qualität, die nicht allein im Premium-Segment begehrte Preise gewinnen.

„Essen ist die schönste Sache der Welt – und macht auch noch satt."

Der Wein prägt das Remstal

Von Andreas Braun

Wunder Remstal! Es gibt nur wenige Weinregionen in Deutschland, ach was: in Europa, wo Bodenständigkeit und revolutionärer Elan eine solch fruchtbare Mischung eingehen wie hier. Nur wenige Weinanbaugebiete machen so viel Furore – mit Preisen und Auszeichnungen, mit Aufsteigern und Topwinzern, mit einer erstaunlichen Vielfalt an Weinen wie auch an Böden und Lagen.

Woher kommt es nur, dass die Weine ausgerechnet hier zu immer neuen, so erfreulichen Überraschungen Anlass geben? Vielleicht sind es ja gerade die Gegensätze, die einander anziehen und beflügeln, die Unterschiede, die Spannung erzeugen, die Kontraste, die Reibung und somit auch Energie produzieren. Das Remstal zwischen Berg und Tal, Obst und Wein, Idylle und verdichteter Bebauung, zwischen Bescheidenheit und Ambition, Verwurzelung und Flucht vor der Enge des Tales, zwischen Strenge und Sinnenfreude – es ist eine ungewöhnliche Mixtur.

Es fängt schon mit der Rems an, einem doch recht bescheidenen Flüsschen. Das Tal freilich ist zumeist breit und öffnet sich am Unterlauf mit all den kleinen Nebenflüsschen und -bächlein zu einer weich gezeichneten, ausladenden Hügellandschaft samt einiger wuchtiger Keuperbuckel an den Rändern. Ballungsraum und Provinz stoßen auf Schritt und Tritt aufeinander. Die Stadt Stuttgart mit ihrem internationalen Flair und den vielen ambitionierten Restaurants und Gourmetlokalen ist nah und zum geistig-kulinarischen Austausch bereit. Im Remstal selbst reihen sich mittlere Städte wie die Perlen an der Kette aneinander. Dennoch lugt überall auch das Dörfliche noch hervor. Es will sich nicht verleugnen, widersteht dem Eindringen des Urbanen.

Und noch so ein merk- wie denkwürdiges Zusammentreffen: Ausgerechnet zwischen Fellbach und Schorndorf, in diesem einst sehr pietistisch geprägten Landstrich Württembergs, gedeiht der Wein besonders gut. Etwas Lust- und Genussvolles findet sich da ganz unversehens. Passt das zusammen?

Es passt. Nur wenige Kilometer voneinander getrennt machen so viele Spitzenwengerter, so viele Aufsteiger von sich reden, so viele, die auf den Plätzen folgen, doch allzeit bereit zu sein scheinen, gleichfalls aufs Treppchen zu steigen. Das ist schon ziemlich einzigartig. Einzigartig wegen der Qualitätsdichte, einzigartig wegen der Dynamik. Die Weingärtner sind einander nicht fremd, messen sich unablässig. Man hockt zusammen, schwätzt und tauscht sich aus, probiert die Weine des anderen. Rivalität und Konkurrenzdruck sind den Remstälern sehr wohl vertraut. Ja, man beäugt sich gegenseitig sehr aufmerksam, legt die Latte dabei hoch und höher. All das befeuert zuerst den eigenen Ehrgeiz, lähmt weniger, als dass es die Bewegung fördert. Die Religiosität, und sei sie auch nur noch untergründig zu spüren, hat im Remstal etwas Schwäbisch-Schaffiges. Es ist das feste Fundament einer durchaus modernen und wettbewerbsorientierten Ordnung, die allerdings mit einem menschlichen Antlitz ausgestattet ist.

Neugierig, offen, risikobereit und selbstbewusst, eigen halt – so sind sie, die Wengerter in Stetten oder Winterbach, in Schnait oder Großheppach, in Fellbach oder Beutelsbach.

Mehr Sein als Schein, das ist hier die Devise. Trotz allen Ruhmes und trotz der zahlreichen Erfolge in der jüngeren Vergangenheit haben die Remstäler indes die Bodenhaftung nicht verloren. International beachtete Weine hervorzubringen, sich auf dem so glänzenden wie glatten Parkett mit anderen großen Weinregionen zu messen, ist das eine. Das andere aber ist es, den Trollinger und die Traditionen zu schätzen und zu pflegen. Genau dieser – eben nur scheinbare – Gegensatz macht den besonderen Charakter der Weinregion Remstal aus.

Autoren

Jörg Aschbacher, 59, leitet das Presseamt der Stadt Schorndorf. Seine guten und umfassenden Kontakte zu den Medien nutzte er als nebenberuflicher Geschäftsführer beim Aufbau des Touristikvereins Remstal-Route ebenso wie als Organisator und Mitbegründer der Remstal-Akademie für Essen und Wein.

Andreas Braun, 50, Schwabe und ein großer Freund Badens, beschäftigt sich seit vielen Jahren geradezu leidenschaftlich mit Wein und Essen, vornehmlich aus heimischen Gefilden. Als oberster Tourismusmanager im Genießerland Baden-Württemberg trägt er die so wichtige Botschaft hinaus in die Welt: Das Land der Sterne ist reich an wunderbaren Landschaften, an Kunst und Kultur, Genuss und Lebensfreude. Andreas Braun findet den Weg ins Remstal oft und gerne.

Otto Geisel, 48, ist Weinsachverständiger, öffentlich bestellt und vereidigt – und der einzige in Deutschland. In der Welt des Weines ist er zu Hause wie im Weinkeller seines Hotels „Victoria" in Bad Mergentheim. Als Vorsitzender der deutschen Sektion von Slow Food, einer weltweiten Vereinigung von bewussten Genießern und mündigen Konsumenten, hat er es sich zur Aufgabe gemacht, die Kultur des Essens und Trinkens zu pflegen und lebendig zu halten.

Daniel Hasert, 28, Restaurantleiter und Sommelier im „Lamm" in Remshalden-Hebsack, hat eben dort unter dem Einfluss seines Vaters seine Begeisterung für Wein entdeckt. Er war Sommelier in etlichen Sterne-Restaurants und wurde als bester Jung-Sommelier Deutschlands ausgezeichnet.

Rainer Knubben, 58, Publizist und Verleger schöner Bücher in der Welt der Kunst, des Weines und der Kulinaristik, fand erst spät seine Liebe zu Küche und Keller, aber schon früh zur Kunst. Als gelernter Journalist war er als Redakteur tätig und als Pressesprecher in Politik und Wirtschaft. Jetzt gilt seine Leidenschaft den vier K – Küche, Keller, Kunst und Familie.

Andreas Krohberger, 56, geboren in Schorndorf und aufgewachsen im Hochschwarzwald, studierte Politik und Germanistik und ist heute Redaktionsleiter beim Zeitungsverlag Waiblingen. Der Autor von Kinder- und Sachbüchern liebt gutes Essen, trockenen Trollinger und besonders den blütenüberschneiten Remstäler Frühling.

Rainer Kwiotek, 47, fotografiert als Mitglied der Agentur Zeitenspiegel hauptsächlich für deutsche und ausländische Magazine. Als Rheinländer waren ihm Wurstknöpfle noch unbekannt, was sich mit der Arbeit an diesem Buch änderte – und zu einer neuen Leidenschaft führte.

Richard Lenz, 75, ist wunderbar ausgestattet mit der Gabe der Geduld. Er konnte sie auch gut gebrauchen zum Broterwerb im Weinbau des Remstals, im Garten- und Landschaftsbau, ganz besonders aber in der Kunst des Trockenmauerbaus, die er von Jugend an grandios beherrscht. Das gilt für seine Passion der Panorama- und Naturfotografie in gleicher Weise.

Markus Polinski, 43, gebürtiger Remstäler, verbrachte schon seine Lehrjahre im „Lamm" in Remshalden-Hebsack, in dem er sich heute als Küchenchef und Patron mit großer Hingabe einer leichten, mediterranen Küche mit regionaler Bodenhaftung widmet. Seine Wanderjahre führten ihn in die Schweiz und bis nach Australien. Der Mitbegründer der Remstal-Akademie für Essen und Wein ist ein ideenreicher Koch voller Hingabe und nutzt seine freie Zeit für Weinreisen in alle Welt.

Impressum

Herausgeber
Remstal-Akademie für Essen und Wein
Jörg Aschbacher, Andreas Braun,
Markus Polinski

Konzeption
Rainer Knubben

Redaktion
Andreas Krohberger
Alexandra Beckmann

Fotos und Titel
Rainer Kwiotek/Zeitenspiegel,
außer Seiten 86/87, 90/91 von
Richard Lenz

Gestaltung
stilgruppe | Visuelle Konzepte, Berlin
www.stilgruppe.com

Litho
highlevel GmbH, Berlin

Druck und Weiterverarbeitung
Dr. Cantz´sche Druckerei, Ostfildern

ISBN 978-3-936682-77-9

Printed in Germany, 2009

www.rainerknubben.com
www.hamppverlag.de

Rewe-Markt in Fellbach: Die beste Weinabteilung Deutschlands – ausgezeichnet von den renommiertesten Fachzeitschriften.

LAND KORN
aus ungespritztem Getreideanbau
Wir halten über 800.000 qm Ackerfläche frei von Spritzmitteln*
MAURER´s LANDKORN steht für umweltschonende Erzeugung und für traditionelle Bäckerhandwerksqualität:
GARANTIE 100% Gentechnik-frei! www.maurers-landkorn.de
· garantiert ungespritzter Getreideanbau
· Verzicht auf Wachstumsregulatoren
· kein Einsatz von Klärschlamm
· heimischer Anbau im Rems-Murr-Kreis
· aktiver Beitrag zum Grundwasserschutz
· Stärkung unserer heimischen Landwirtschaft
*Für 1 kg-Laib LANDKORN-Brot bleiben 2 qm Rems-Murr-Kreis frei von Spritzmitteln – garantiert. www.maurers-landkorn.de
MAURER
...wir backen mit Herz und Natur!